AF321870

PRECIS
HISTORIQUE

De faits authentiques, relatifs à la journée du 18 fructidor, recueillis par le citoyen Veyrat, nommé à la place d'inspecteur général de police à cette époque, et destitué, par le citoyen Dondeau, ministre de la police générale, le 13 germinal dernier.

Un vaste et horrible complot, mystérieusement ourdi par *Rovère*, *Pichegru* et compagnie, tendoit à rétablir, en l'an V, la royauté en France, si le génie tutélaire de la liberté n'eût fait luire le 18 fructidor, jour à jamais mémorable, qui a sauvé la république en terrassant ses ennemis. En vain les partisans du trône traiteront aujourd'hui cette conspiration d'illusoire et de chimérique, les détails de quelques faits que j'ai soigneusement recueillis, pendant près de deux mois, en déjouant journellement leurs projets atroces, les confondront d'une manière victorieuse. Je dois à mes concitoyens, à la postérité, le récit exact et fidèle d'une série d'événemens qui se sont passés sous mes yeux, d'une scène sur laquelle j'ai représenté moi-même, pour prévenir la catastrophe qui n'auroit pas manqué de l'ensanglanter.

A

Détracteurs de cette journée précieuse aux amis de la république, qui que vous soyez, ramassez le gant; je vous porte avec assurance le défi le plus formel d'altérer ou de contester la vérité d'aucun des faits que je vais citer.

FAITS.

Au commencement de thermidor an V, je me trouvai à dîner, chez un restaurateur, avec un ancien officier de vétérans, nommé *Chauveau*, que je connoissois depuis long-tems, mais que je ne fréquentois point; nous liâmes conversation; je m'apperçus, à ses propos, qu'il jouoit quelque rôle important et mystérieux, je voulus m'en convaincre; je prolongeai le dîner; ce moyen m'a souvent servi dans d'autres circonstances; je ne l'employai pas infructueusement avec Chauveau. Il me declara qu'il étoit chef d'une contre - police, sous les ordres de *Rovère*, *Dumas*, *Pichegru* et autres inspecteurs de la salle des conseils, et que leurs intentions étoient d'anéantir le gouvernement, et d'ensevelir la république sous ses ruines.

J'eus peine à retenir mon indignation; je dissimulai cependant, et dans la crainte que l'altération de mes traits ne décélât ce qui se passoit dans mon ame, je m'empressai de terminer cette entrévue dont je fus sur-le-champ rendre compte à un représentant du peuple du conseil des 500, ami de la liberté et le mien, et je lui fis part de tous les détails. Ce vertueux citoyen m'engagea à les transmettre, sans différer, au citoyen Sotin, ministre de la police générale, et il me remit, pour ce ministre, une lettre par laquelle il l'invitoit à m'accorder toute confiance.

Il seroit difficile de peindre l'étonnement dans lequel le récit de ces faits jeta le ministre de la police générale ; il m'engagea, au nom de la république, à suivre les fils de cette trame perfide ; il me conseilla de faire en sorte de m'établir au milieu de ces scélérats en ayant l'air de faire cause commune avec eux.

L'extrême répugnance que j'avois de me lier avec de pareils monstres, céda sans peine à l'intérêt de la république, qui causoit en ce moment toute ma sollicitude ; je promis tout au ministre, et je le quittai pour aviser aux moyens de réaliser mes promesses. Elles ne tardèrent pas à avoir leur exécution ; j'eus la satisfaction de lui annoncer deux jours après, que ce même Chauveau m'avoit présenté au général Raffet ; que je m'étois conduit avec ce dernier de manière à lui inspirer assez de confiance pour l'engager à me présenter le lendemain à Rovère, et à se rendre caution de moi ; que j'avois été installé avec Dossonville, Raffet et plusieurs autres, et que Rovère nous avoit délivré des diplômes imprimés et signés de lui , qui nous donnoient entrée de jour et de nuit au milieu de ces conspirateurs, et je fis voir à l'instant au ministre celui dont j'étois porteur.

Dès le lendemain je me rendis à mon poste , dans le sein du comité des inspecteurs de la salle. C'étoit là que journellement , et en ma présence , se formoient les complots ; c'étoit là que se traçoient les plans de conspiration contre les directeurs républicains et les membres des conseils les plus dévoués au gouvernement ; tous ces plans ne tendoient à rien moins qu'à enlever à ces chauds amis de la liberté une estime généralement méritée et à provoquer contre eux , par le corps législatif lui même , des mesures qui ne pouvoient qu'opérer leur perte.

Les inspecteurs nous annoncèrent qu'ils avoient en leur pouvoir un dépôt d'armes suffisant pour exécuter leur projet , et ils formèrent un état-major dans lequel ils me donnèrent une des premières places ; enfin ils désignèrent le lieu où chacun de nous devoit se rendre pour s'y organiser en corps de troupes et faire armer les conjurés qui devoient s'y rencontrer.

Indépendamment de ces derniers , qui ne laissoient pas que d'être nombreux , et qui correspondoient avec eux , ils comptoient sur les grenadiers du corps législatif qu'ils avoient, disoient-ils , épurés dans leurs sens.

Chaque jour je faisois des rapports au ministre ,

et chaque rapport entravoit leurs projets; leurs armes ne tardèrent pas à leur être enlevées.

Les inspecteurs employèrent tout le mois de thermidor à fortifier leur parti et à travailler à divers projets, qui devoient, suivant eux, désorganiser les républicains et opérer le renversement de la république.

Ils envoyèrent, dans les départemens, des agens chargés de propager leurs principes, et d'y préparer le même mouvement qu'ils devoient provoquer à Paris. Un de leurs principaux moyens étoit de répandre, avec profusion, des affiches liberticides, tendantes à faire fermenter les esprits, afin d'armer les citoyens les uns contre les autres. C'étoit à l'aide de la guerre civile, à travers de ses affreux résultats, qu'ils comptoient frayer le chemin qui devoit conduire à la royauté. On verra, par les détails suivans, qu'ils ont suivi ce plan avec autant d'opiniâtreté que d'ardeur.

Le 4 fructidor, Rovère me chargea de m'entendre avec Dodoucet, imprimeur, rue Taranne, sur les moyens de faire afficher sans danger un libelle sorti de la plume de Rovère, que Dodoucet avoit imprimé, et qui portoit pour titre, *Quelques faits relatifs à Barras le mineur*, production virulente, bien digne de son auteur, et n'offrant qu'un tissu de mensonges obscurs, noyés dans les flots écumans du plus dégoûtant royalisme.

Dodoucet avoit choisi , pour afficher cet écrit ; une nommée *Felix Bastia* , demeurant rue du Bout-du-Monde , n°. 156 : les inspecteurs, pleins de confiance dans mes moyens, me chargèrent de faire protéger cette opération.

Le lendemain, à quatre heures du matin , l'écrit fut affiché; mais le ministre, que j'avois prévenu , faisoit enlever l'affiche par ses agens au moment même où elle étoit posée.

Les conférences des inspecteurs avec *Barthelemi* et *Carnot* devenoient fréquentes; elles furent surveillées d'une manière utile pour la chose publique. C'est à cette époque que Dodoucet dit à Rovère, en ma présence, que ces deux directeurs mettoient tout en usage pour gagner et ranger de leur bord la majorité du directoire ; que s'ils y parvenoient , il n'y auroit plus alors d'action générale ; que l'on feroit à Paris comme à Lyon , que l'on assommeroit ou que l'on jetteroit dans la Seine , tous ceux qui seroient désignés ou connus pour républicains. Je crois devoir ajouter que Rovère et ses collègues applaudirent à ce *louable* projet.

Rovère fit encore imprimer à Dodoucet un écrit ayant pour titre : *appel aux Parisiens.* Ce libelle fut affiché et enlevé comme le premier.

J'appris que Dodoucet cachoit ces imprimés contre-révolutionnaires dans le garde-paille du lit d'un Grec, hôtel de Virginie, place Vendôme. Cet avis ne fut pas perdu.

Rovère ne se lassoit pas d'écrire : le 5, il me remit encore une de ses productions; elle avoit pour titre : *avis aux jeunes gens de Paris.* Affichée comme les autres, elle fut enlevée de même.

Cette production fut immédiatement suivie d'une autre, que Dodoucet fit également imprimer et afficher; elle étoit intitulée : *avis aux Parisiens sur le plan d'une conspiration.* L'importance que Rovère et Dodoucet attachoient à cet écrit, les décidèrent à employer, pour l'afficher, d'autres moyens que ceux dont ils s'étoient servis jusqu'alors; ils donnèrent la préférence à ceux de la lanterne magique (1) et de la double affiche (2).

---

(1) Dans une caisse parfaitement semblable à ce qu'on appelle la lanterne magique, on renferme un enfant de 8 à 10 ans, avec affiches, colle et pinceau : cette caisse est portée par un individu, dont le costume est analogue à ce genre de profession. Le porteur s'arrête, sans conséquence, au coin des rues; il appuie sa caisse contre un mur où l'on pose ordinairement les affiches; l'enfant fait sa besogne, et un signal convenu annonce la fin de l'opération.

(2) Le moyen de la double affiche est moins ingénieux : on couvre d'une affiche qui ne contient rien d'important, celle que l'on a intérêt de placarder, l'affiche apparente est collée seulement sur les quatre coins de la première : l'imprimé ainsi doublé et affiché, on peut enlever le rideau sans conséquence et sans danger.

A 4

Un dernier moyen de perfidie en ce genre ;
fut imaginé ; on le regardoit comme décisif et
propre à accélérer la réussite de l'atroce projet que
l'on méditoit ; c'étoit de faire placarder une nou-
velle affiche contre les grenadiers du corps législatif ; dans ce libelle , dont la troupe alors en
garnison à Paris , devoit paroître l'auteur , on in-
jurioit les grenadiers du corps législatif , on les
traitoit de *grands lâches.* &c. &c. On prépara le
cannevas , et Rovère fut chargé de la rédaction ;
les inspecteurs et Dodoucet se flattoient que cette
affiche opéreroit une scission entre ces deux corps
de troupes ; dont le résultat , en armant l'un des
deux contre les républicains , assureroit victorieu-
sement le succès de la cause royaliste ; ils se li-
vrèrent en ma présence à cet extravagant et ri-
dicule espoir. Ce secret important ne fut confié
qu'à moi seul ; je fus chargé de la conduite de
cette affaire , et d'instruire promptement le comité
de ses résultats.

Si ce coup paroissoit important aux conspirateurs , les amis , les zélés défenseurs de la chose
publique , ne devoient pas négliger de le parer.
Le ministre de la police , que j'en informai sur-
le-champ , s'occupa sans délai des moyens propres
à l'amortir ; il fut résolu que des agens de la police
arrêteroient la femme Bastia , et saisiroient les
affiches qui seroient trouvées sur elle ; que pour

ne pas détruire la confiance que les inspecteurs avoient en moi , j'aurois l'air de m'opposer à cette arrestation ; et que pour revêtir cette opposition de vraisemblance , je tirerois sur les agens de la police , deux coups de pistolet chargé à poudre, et que je fuirois aussi-tôt ; le 8 , cette résolution fut exécutée.

En conformité de mes instructions , je me rendis incontinent chez Raffet , et de suite chez Rovère ; je leur fis valoir le danger que je venois de courir; je leur rendis compte de l'arrestation de leur femme de confiance , de la saisie de tous les papiers qu'elle portoit , et de l'infructuosité du secours que je lui avois donné , quoiqu'appuyé de deux coups de pistolet.

Cet événement , dont mon prétendu dévoue-ment à leur cause n'avoit pu les garantir , loin de diminuer leur confiance , ne fit que la cimenter davantage. Rovère , Willot , Dumas , Pichegru , Raffet , &c. m'en donnèrent les marques les moins équivoques. Je leur offris d'aller avertir Dodoucet de ce qui venoit de se passer , cette offre tenoit à mes instructions , elle fut acceptée, je partis pour la réaliser, mais j'arrivai chez Dodoucet assez tard pour donner à la police le tems de s'assurer de son domicile et de sa personne ; le tout fut ponctuel-lement exécuté.

Dodoucet fut arrêté le 13 : on trouva et l'on

saisit chez lui diverses affiches, et une quantité
de médailles et de matrices en plomb, représentant des allégories royalistes, dont il devoit
faire usage immédiatement après l'exécution du
projet des conspirateurs. Tous les faits précités et
relatifs à Dodoucet et à la femme Bastia, tous
deux encore détenus depuis le 13 fructidor, sont
entre les mains de l'accusateur public près le tribunal criminel du département de la Seine.

Ces contre-tems ne firent qu'irriter l'audace
des inspecteurs, ils se déterminèrent à hâter l'explosion. Divers arrangemens étoient pris pour
accélérer le mouvement ; ils commencèrent à
travailler les troupes pour parvenir à les corrompre ; ils se procurèrent de nouvelles armes, elles
ne restèrent pas long-tems en leur pouvoir, je les
fis saisir avant qu'ils pussent s'en assurer la possession. Je ne perdis pas de tems, je me hâtai de
fournir les renseignemens nécessaires pour faire
arrêter tous les individus qui devoient commencer
et organiser le mouvement. Les momens étoient
précieux ; il n'y en avoit pas un à perdre ; il falloit
ou prendre un parti, ou voir allumer les flambeaux de la guerre civile ; le 18 fructidor fut
décidé. On se saisit des principaux auteurs du
projet atroce qui devoit opérer la contre-révolution ; la liberté triompha et la république fut
sauvée.

Cette journée mémorable mit un terme à la mission que je remplissois depuis deux mois, mission glorieuse, j'ose le dire, et chère à mon cœur, mais dont l'amour seul de la liberté m'a fait supporter, je ne dirai pas les dangers et les fatigues, un vrai républicain ne les connoît pas, mais les désagrémens horribles. Qu'on se figure un patriote pur, un ami sincère de la liberté, forcé de passer une partie des jours et des nuits dans le sein des conspirateurs, obligé non-seulement de maîtriser ses esprits justement révoltés, mais d'applaudir aux mesures atroces et liberticides qui se prenoient, qui se calculoient en sa présence, et l'on aura sous les yeux l'exquisse des souffrances que peuvent faire endurer deux mois de torture et d'angoisse. Les instans que je passois avec le ministre de la police générale, pour lui rendre compte des progrès de cette trame odieuse, étoient les seuls où il me fût permis de respirer.

Les ordres les plus précis d'examiner soigneusement tous les individus qui se rendoient journellement chez le ministre de la police générale, étoient donnés en ma présence ; toutes les démarches de ses agens et de ses affidés étoient scrupuleusement épiées, et je m'y rendois toutes les nuits, et j'ai eu le bonheur de tromper leur vigilance et de concourir à déjouer leurs projets ; et

actuellement que la sagesse et la paternelle sollicitude du gouvernement m'a arraché, en renver-
sant les projets des traîtres, le masque affreux dont
j'avois été forcé de m'affubler pour le servir ;
actuellement que les partisans de la royauté, dont
les noms sont consignés dans nombre de rapports
déposés à la police, menacent d'attenter à mes
jours, j'existe et je tiens la plume pour dévoiler
leur perfidie. Génie tutélaire des républicains, tu
m'as couvert de ton égide ! fort de ton appui et
de ma conscience, je saurai braver les menaces
des lâches qui cherchent en vain à m'intimider.
Leurs propos, leurs apostrophes, ne feront
qu'accroître, s'il est possible, mon dévouement
à la cause sacrée que je défends depuis mon en-
fance, et alimenter mon énergie et mon courage.

Un moment, un seul moment dont le souve-
nir, cher à mon cœur, sera toujours présent à
ma mémoire, a cicatrisé toutes mes plaies. Le
sentiment délicieux que j'éprouvai quand le canon
d'allarme se fit entendre, peut mieux se goûter
que se rendre ; je sentis mon cœur prêt à se fendre
quand le ministre, me présentant à une partie
de l'état - major qui l'environnoit, lui parla en
ces termes : « Voilà le digne républicain dont
je vous ai parlé ; c'est lui qui a puissamment con-
tribué au succès de cette journée, par son cou-

rage ; son intelligence et son ardent amour pour la cause de la liberté ». Le ministre et les généraux me serrèrent dans leurs bras.

Ce même jour le citoyen Sotin me nomma inspecteur général de police près son ministère, et m'offrit une récompense pécuniaire ; j'acceptai la place avec reconnoissance, et je refusai l'argent comme je le devois. Les services que j'ai eu le bonheur de rendre dans l'exercice de cette place, m'ont mis dans le cas de m'applaudir de l'avoir acceptée. Emigrés, conspirateurs royaux, agens de Pitt et du prétendu Louis XVIII ont été découverts et arrêtés par moi, et les tribunaux en ont fait justice. De ce nombre étoient les ci-devant comtes de *Chenu*, *Edouard Menard*, *Trion*, dit *Cassino*, &c. &c.

C'est en multipliant mes soins et mon activité, que je suis parvenu à rompre les intelligences entre les ennemis intérieurs et extérieurs de la république. Leur correspondance, plusieurs fois saisie, offre la preuve de ce que j'avance. Une infinité d'expéditions de police que j'ai faites et suivies avec succès pour le gouvernement, et dont je puis justifier l'existence, mais auxquelles mon devoir me défend de donner de la publicité, malgré l'intérêt qu'elles présentent, viennent encore à l'appui de mon assertion. Je peux attester sur la vérité (et j'appelle, à cet égard, le témoignage du

ministre de la police et des chefs de ses bureaux)
que de toutes les opérations qui m'ont été confiées
depuis mon entrée à la police , jusqu'au moment
où j'en suis sorti, je n'en ai pas manqué une seule.

Cependant (et l'on me pardonnera sans doute
mon étonnement à cet égard) le 13 germinal dernier le citoyen Dondeau , ministre actuel de la
police générale me demanda ma démission ; je
refusai de la donner, je la reçus de lui. Je ne suis
donc plus utile, me suis-je dit à moi-même, où
quelqu'être plus capable est désigné pour me rem-
placer ? J'ai poursuivi ceux qui refusoient d'obéir
aux loix ; je les ai toujours respectées , je les res-
pecterai toujours ; je respecte les autorités ; j'aime
ardemment la république ; je lui ai sacrifié ma for-
tune : qu'élle prospère, qu'elle s'affermisse ! J'ai
encore un sacrifice à lui faire , il ne me coûtera pas
plus que le premier , c'est celui de ma vie.

Paris, ce 18 floréal an VI ,

PIERRE-HUGUES VEYRAT.